Le fidèle destrier d'

À ma filleule, Danaé, que j'aime beaucoup.

Auteure : Diane Groulx
Illustrateur : Jean Morin

Boomerang
Éditeur jeunesse

 Alma est bien contente.  Le roi a enfin fait d'elle une vraie de vraie  chevalière ! Comme tous les  chevaliers du  royaume, elle participe aux différentes épopées. Il n'y a qu'une  ombre au tableau : vu la petitesse de son  destrier, les autres ont vite fait de la semer et elle revient toujours bredouille au  château.

Aujourd'hui, la mission est importante.

Alma, qui garde espoir, selle son fidèle *poney*.

Elle met le *pied* gauche dans l'*étrier*, se donne un élan et, une fois bien assise, elle serre les *mollets*. C'est le signal et le *poney* se met à trotter. Il descend les *marches* qui mènent à la *cour* du *château*, du plus vite que ses courtes pattes le lui permettent.

Devant Alma et son poney, qui a continué de trotter, un dense nuage de poussière se forme. Les chevaliers du royaume sont hors de vue. Alma tire un peu sur les rênes et le poney ralentit sa cadence. La jeune chevalière garde le sourire. Elle flatte le cou de son poney et le félicite.

– Bravo ! Je sais que tu as fait de ton mieux.

Alma et sa monture s'arrêtent dans un grand *pré*. Ils ont perdu de vue les *chevaliers* du *royaume*. *Alma* sait qu'elle n'arrivera pas à les rejoindre. La jeune *fille* permet à son *poney* de brouter l'*herbe* fraîche, tandis qu'elle retire son *casque*. Il fait tellement chaud que ses *cheveux* sont mouillés et lui collent sur la *tête*.

Le *poney* n'est pas le seul à se gaver d' *herbes* .

Un peu plus loin, un *étalon* , avec une magnifique *robe* blanche et une très longue *crinière* , est occupé à se rassasier.

Alma l'aperçoit et se met à rêver. Si elle possédait une telle monture, elle pourrait sans doute suivre les autres *chevaliers* .

D'un *pas* déterminé, *Alma* s'approche du majestueux *cheval* .

Du coin de l'œil, l'étalon la voit venir, mais il fait mine de rien et continue de brouter. Lorsque Alma pourrait le toucher de sa main, il trotte un peu plus loin. Ce manège se répète plusieurs fois. Lasse, Alma se laisse choir sur l'herbe pour mieux réfléchir. Elle se demande bien comment faire pour devenir l'amie de ce cheval sauvage.

Pendant qu'*Alma* se *creuse* les méninges, son *poney* s'approche tranquillement de l'*étalon*. Nullement dérangé par la présence de cet animal, le *cheval blanc* continue de mâchouiller les longs brins d'herbe *verts*. Le *poney* et lui, sans s'en rendre compte, choisissent la même tige et se retrouvent naseau contre naseau. Une belle complicité naît entre les *deux* chevaux.

 *Alma* claque des  *doigts*.

– Ça y est ! J'ai trouvé !

Elle rappelle discrètement son  *poney* auprès d'elle. Elle s'assoit sur la selle et le laisse s'approcher du  *cheval*. L'  *étalon* n'est pas dupe, mais il trouve qu'elle a l'air bien inoffensive sur sa petite monture.  *Alma* tend la main pour flatter son pelage, mais l'  *étalon* est vif et fait un  *pas* de côté.

Alma redirige son *poney* près de *l'étalon*.

Lorsqu'ils sont côte à côte, *Alma* lui parle tout doucement :

– Je dois me rendre rapidement sur l'autre *versant* de la *montagne* interdite. Toi seul es capable de galoper assez vite.

Alma rêve de s'asseoir sur sa *croupe*. Elle s'imagine la *tête* que feront les autres *chevaliers* en les voyant arriver.

L' *étalon* a tendu l' *oreille*. Il a bien entendu les propos de la *fillette*, mais il ne se sent pas concerné. Pourquoi lui apporterait-il son aide, lui qui est un *cheval* sauvage ?

Alma trouve l'argument pour le convaincre.

– J'ai entendu dire que, là-bas, on trouve une *herbe* croquante, la meilleure de tout le pays et la plus *verte* aussi.

L' *étalon* hennit, il est d'accord. *Alma* se met debout sur la *croupe* de son *poney* et s'étire jusqu'au *dos* de l' *étalon*.

Elle s'agrippe à sa *crinière* juste à temps.

Le *cheval* part au galop. Loin derrière, le *poney* suit leur trace. *Alma* a de la difficulté à tenir en place. Elle rebondit tellement que son *casque* tombe par terre.

Son fidèle *destrier* lui manque déjà.

T'est-il déjà arrivé de vouloir quelque chose de plus gros et de plus grand que ce que tu as déjà?

Boomerang
Éditeur jeunesse

Gouvernement du Québec – Programme de crédit d'impôt pour l'édition de livres – Gestion SODEC

Boomerang éditeur jeunesse remercie la SODEC pour l'aide accordée à son programme éditorial.

Nous reconnaissons l'aide financière du gouvernement du Canada par l'entremise du Programme d'aide au développement de l'industrie de l'édition (PADIÉ) pour nos activités d'édition.

Dépôt légal – Bibliothèque et Archives nationales du Québec, 1er trimestre 2008

Imprimé au Canada • ISBN 978-2-89595-280-0